RAPPORT

SUR

LA MINE DE QUARTZ AURIFÈRE

DE

SANTA ERNESTINA (en Cunapiru)

Département de Tacuarembo

RÉPUBLIQUE ORIENTALE DE L'URUGUAY

PARIS

A. PARENT, IMPRIMEUR DE LA FACULTE DE MÉDECINE

29-31, RUE MONSIEUR-LE-PRINCE, 29-31.

—

1878

RAPPORT

SUR

LA MINE DE QUARTZ AURIFÈRE

DE

SANTA ERNESTINA (en Cunapiru)

Département de Tacuarembo

RÉPUBLIQUE ORIENTALE DE L'URUGUAY

PARIS

A. PARENT, IMPRIMEUR DE LA FACULTE DE MÉDECINE

29-31, RUE MONSIEUR-LE-PRINCE, 29-31.

—

1878

INTRODUCTION

DE MONTEVIDEO AU CUÑAPIRU

NOTES GEOLOGIQUES

Le bassin aurifère du Cuñapirù se trouve dans le département de Tacuarembo, au Nord de la république orientale de l'Uruguay, dans le bassin du Rio Cuñapirù. Sa position moyenne est par 58°.12 longitude ouest et 31°.27 de latitude sud.

J'ai réuni pendant le trajet une série de notes géologiques certainement encore fort incomplètes, mais cependant suffisantes pour esquisser la constitution de cette contrée dont aucune étude d'ensemble n'a encore été publiée ni même entreprise, que je sache; aussi, sauf les observations toutes locales de quelques naturalistes, et en particulier de M. Darwin sur la Patagonie et le bassin du Rio de la Plata, et les travaux de MM. Forbes et Pissis sur la constitution générale des Cordillères des Andes et des hauts plateaux boliviens, le géologue se trouve-t-il encore sans aucuns documents qui puissent diriger ses investigations dans ce pays, où des cartes exactes lui font même défaut.

J'ai donc cru intéressant, avant d'aborder l'étude détaillée du bassin aurifère, qui devait spécialement fixer mon attention, de résumer succinctement mes observations sur la constitution des terrains que traversent le Rio-Negro, l'affluent le plus important de l'Urugay, et quelques-uns de ses tributaires, tels que le Yi et le Tacuarembo Grande, qui, par leur débit et leur parcours, méritent d'être signalés.

Après avoir quitté les gneiss et les mica schistes qui supportent Montévidéo et disparaissent bientôt sous des argiles sablonneuses et les alluvions modernes de la banlieue, et avoir traversé les mélaphyres exploités à « Las-Piedras » pour les constructions de la capitale, on arrive bientôt aux terrains Eocènes, peut-être même Miocènes que l'on ne doit plus quitter qu'en pénétrant dans le bassin de Cuñapirù.. Ces terrains sont recouverts d'alluvions extrèmement fertiles, d'où émergent de nombreux blocs épars de grès quartzeux, de porphyre et surtout de basalte entraîné des bords septentrionaux de ce bassin lacustre pendant la période glaciaire : ces terrains, en maintes circonstances, me rappellent ceux du centre de la France,

Jusqu'au Yi, sauf de légères ondulations à peine suffisantes pour rompre la monotonie de ces Pampas, le terrain ne présente rien de remarquable, surtout en le parcourant en chemin de fer, dont les terrassements en en écrètant à peine les couches supérieures, ne donnent aucune nouvelle indication sur leur constitution.

Entre le Yi, et le Rio-Negro, le terrain devient cependant peu à peu plus mouvementé et l'on ne tarde pas, en s'élevant sur la Cuchilla qui les sépare, à reconnaître les affleurements de bancs nettement distincts de conglomérats formés de concrétions quartzeuses réunies par un ciment ciliceux et de schistes argileux compactes, passant insensiblement à des grès dont quelques strates plus riches en quartz sont de véritables arkoses où dominent le mica et de nombreux fragments de feldspath. Ces grès, argileux pour la plupart, se subdivisent dans les couches supérieures en blocs cubiques volumineux qui recouvrent plusieurs collines isolées (Batovi, La Cruz, los tres Cruces) et même de vastes plateaux comme celui qui sépare le Cuñapirú du Tacuarembó, témoins immuables des érosions qui disséminèrent ultérieurement à de grandes distances les couches supérieures de ces dépôts. Vus à distance, ces plateaux, sensiblement horizontaux ; aux flancs escarpés, mais néanmoins peu élevés au-dessus des terrains environnants, ont l'apparence de coulées de Basalto. On doit d'ailleurs attribuer au contact de cette roche les modifications métamorphiques profondes que paraissent avoir subi ces grès comme les argiles ferrugineuses sous-jacentes ! Ne retrouve-t-on pas, d'ailleurs, l'élément basaltique de la Quebrada au Rio-Négro, tantôt in situ, tantôt en blocs roulés, disséminés à la surface du sol en contact immédiat avec les terrains lacustres. Quel a été le point de départ de ces roches ? Je n'ai pu dans mon excursion le déterminer, mais je pense qu'il faut le rechercher dans la Cuchilla de Haedo, où elles recouvraient les mélaphyres d'où se sont détachées les agates roulées, disséminées dans les alluvions récentes du bassin lacustre. (Pl. I.)

Plus au Nord apparaissent enfin des marnes lacustres à cypris qui forment la base du dépôt.

L'absence d'autres fossiles et de calcaires marneux plus récents, tels qu'on en rencontre dans d'autres formations similaires que j'ai eu l'occasion d'étudier, me paraît une preuve de l'agitation des eaux au moment de l'éruption des sources minérales et des émanations ferrugineuses qui cimentèrent les grès qui recouvrent immédiatement les marnes à cypris.

En se rapprochant du Rio Tacuarembo-Grande, le terrain se modifie ensuite peu à peu, les collines deviennent plus nombreuses, laissant entre elles des dépressions où s'accumule le produit des sources qui en jaillissent en formant des lagunes et des bañados que les eaux pluviales ne tardent pas à rendre impraticables au commencement de l'hiver.

La constitution du sol n'est pas moins différente, et on ne tarde pas à y rencontrer au pied des collines isolées des trois Cerros et du plateau, entre Cuñapirù et Tacuarembo, des porphyres euritiques, tantôt recouvrant, tantôt traversant en dykes puissants les gneiss sous-jacents.

Les cristaux d'orthose, d'un rouge de chair, d'une couleur plus claire que la pâte, donnent à cette roche un aspect caractéristique qui la distingue des gneiss sous-jacents; elle renferme du hornblende en cristaux quelquefois volumineux et accidentellement des prismes d'amphibole hornblende.

Les gneiss sous-jacents dont on rencontre les affleurements sur les rives du Cuñapirù, au pied du plateau, sont des *gneiss-syénitiques*, où se distingue accidentellement du fer oligiste. J'y ai relevé plusieurs fractures le plus souvent remplies de porphyres euritiques, accidentellement de brèches, des roches avoisinantes, qui concordent toutes en direction avec celles des principaux filons aurifères dont je parlerai bientôt.

LE

BASSIN AURIFÈRE DU CUNAPIRU

ET LA

MINE SANTA ERNESTINA

CHAPITRE PREMIER.

Étude géographique et stratigraphique.

Limité du Sud au Nord-Est par des collines tertiaires de marnes lacustres et de grès quartzeux partiellement métamorphiques, ce bassin aurifère est nettement circonscrit à l'Est par un filon de quartz blanc de plusieurs mètres de puissance, mais complètement stérile au moins en affleurement se détachant du Cerro-Blanco pour aboutir à celui de Juan Pais. Deux autres filons, l'un de schiste talqueux chloritique accidentellement imprégné de Pyrites cuivreuses partiellement transformées en carbonate, l'autre de calcaire siliceux exploité par quelques chaufourniers le traversent obliquement.

Dans toute son étendue de plusieurs milliers d'hectares se retrouve partout en collines peu accidentées, tantôt à nu, tantôt recouvert d'alluvions, le porphyre euritique. C'est au milieu de ces collines que se ramifient les quartz aurifères du

Cuñapirù dont on ne comprendrait pas l'abandon où ils sont restés,n'était la position excentrique de leur gisement et surtout les tendances commerciales qui ont jusqu'à présent prévalu dans ce pays à peine connu des étrangers.

Les alluvions californiennes et celles de l'Australie, les filons aurifères de Minas Geraez au Brésil, ne peuvent rivaliser en richesse avec les quartz du Cunapirù dont la teneur moyenne constatée par une première analyse faite sur des produits de la superficie est encore certainement inférieure aux résultats que donnera l'ensemble des filons.

Le plus important à constater, ensuite, est la *régularité des filons* partout où des travaux ont été exécutés et la *netteté de leur minéralisation* qui démontrent leur *continuité en pro - fondeur* que plusieurs ingénieurs, mal renseignés, je pense, voudraient refuser aux minerais aurifères après l'avoir admis sans réserve pour les autres gites métallifères. A peine en confondant la régularité avec la continuité pouvaient-ils invoquer à l'appui de leur théorie les failles, les rejets et les brouillages qui se rencontreront inevitablement dans un ensemble de croiseurs comme celui du Cuñapirù.

Il serait enfin non moins admissible de comparer ces filons aux gites irréguliers du Mexique et surtout à celui du Guadanaxato, que je range dans cette catégorie, que si l'on avait voulu prédire l'insuccès des mines d'argent de la Nevada basée sur l'exploitation des filons, en rappelant l'abandon des gites de Potosi.

En parcourant le bassin du Cunapirù et principalement l'ancienne concession de San Pablo qui a été le centre des travaux d'exploration les plus importants, on est frappé de l'uniformité du sol, surtout en réfléchissant à la puissance des filons quartzeux qui s'y ramifient à chaque pas ; mais on ne tarde pas à reconnaître que la désagrégation des roches superficielles, transformées peu à peu en un sable felsdpathique

ocreux qui, en certain point, atteint une épaisseur considérable,
y opéra un nivellement relatif, tandis que les filons quartzeux inévitablement isolés par ces dénudations le recouvri-
rent ultérieurement en s'effondrant de fragments à peine
arrondis par le transport, d'un blanc laiteux, et généralement
très-durs qui doivent fixer notre attention. Tantôt disséminés
à de grandes distances des affleurements, mais le plus souvent accumulés sur des épaisseurs variables atteignant en
moyenne de 5 à 6 décimètres, ils forment en effet un *placer
imparfait* qu'au ciment près on ne peut mieux comparer
qu'au *blue Gravel* des alluvions californiennes. Moins riches
certainement que les filons dont ils ne représentent que les
anciens affleurements, ces graviers peuvent néanmoins être
traités avec bénéfice, leur teneur dépassant, j'en suis convaincu, celle de ces alluvions.

Quant aux filons nettement indiqués soit par leurs affleurements, soit par les modifications qu'ont subies à leur contact
les roches encaissantes, on ne tarde pas à établir entre eux des
différences essentielles. Tous formés de quartz d'un blanc laiteux, rarement translucide, tantôt compacte et résistant,
tantôt caverneux à cassure esquilleuse, les uns comme celui
du Cerro Blanco n'offrent aucune trace de minéralisation,
d'autres renferment des mouches de Galène argentifère seule
ou accompagnée de pyrites cuivreuses, d'autres enfin, et ce
sont les moins nombreux, laissent voir à l'œil nu l'or disséminé dans leur masse en filaments, en veinules, en dondrites
ou même réuni en grains globuleux pondérables; mais toujours le quartz est alors modifié par une forte proportion de
fer oligiste titannifère qui le plus souvent pénètre dans sa
masse en veines à peine visibles, mais peut accidentellement
y tapisser de petites géodes qui sont alors le centre d'une
minéralisation exceptionnelle.

Penètre-t-on dans les travaux assez importants de recherche

et d'exploitation disséminés dans la concession, ces différences
s'accentuent de plus en plus et permettent même sans recourir à une étude stratigraphique d'établir la succession chro-
nologique des filons.

Nous y trouvons le porphyre profondément modifié au
contact du filon ; les grains de quartz peu nombreux à quelque
distance y prenant un développement exceptionnel, la roche
plus compacte y fait feu au marteau et rend au choc un son
particulier que le mineur peut utiliser dans ses recherches.
Mais un examen plus minutieux nous conduit bientôt à des
caractères autrement précieux.

Au contact du filon, tantôt le toit et quelquefois même le
mur y ont subi de profondes altérations ; la roche y est
broyée, les cristaux feldspathiques partiellement transfor-
més en kaolin, et partout apparaît le fer oligiste dont la dis-
sémination et l'abondance sont des indices infaillibles de la
richesse aurifère.

Les deux coupes (A) et (B) Pl. I mettent en évidence ces
deux espèces de filons. Dans le premier exemple le filon n'a
subi qu'une réouverture pendant laquelle de nouvelles veines
de quartz ont pu pénétrer au sein des débris du toit qui ne
tardaient pas à la remplir ; dans le second, au contraire, deux
réouvertures successives ont eu lieu et pendant la seconde le
quartz pénétrait à nouveau entre le filon et son mur, tandis
que le premier remplissage en était imprégné au point d'être
transformé en une véritable quartzite, d'où les caractères du
porphyre primitif ont presque complètement disparu.

Examinant les différentes parties du filon au point de vue
de leurs éléments métalliques, que constatons-nous ? La Galène
et surtout la Pyrite cuivreuse dans les veines les plus an-
ciennes ;

La Galène argentifère dans la période intermédiaire avec
de l'or disséminé dans la masse ; le fer oligiste apparaissant

dans les zones les plus récentes et avec lui comme je l'ai dit
surtout au croissement des filons la formation aurifère atteint
tout son développement. Il en résulte que les filons quartzeux
les plus connus et qui s'imposent pour l'exploitation ne sont
pas les seuls où l'on doive trouver l'or, et que bien au contraire ils ne sont réellement que des croiseurs de veines métallifères de direction différente que leur ténuité rend difficile
à déterminer, mais dont cependant les zones riches de ces
filons quartzeux nous indiquent le voisinage.

Des travaux suffisants exécutés en profondeur permettront
de les retrouver, et ce ne serait plus alors un *minerai quartzeux difficile à abattre et à broyer, mais une roche carriée et
caverneuse peu résistante, uniformément imprégnée de fer oligiste, d'une teneur en or beaucoup plus élevée que l'on aurait à
traiter.*

Les travaux qui criblent les affleurements partout où se
trouvaient des richesses faciles à exploiter, et les deux puits,
ceux de San Pablo Grande et de San Pablo Chico que j'ai pu
visiter sont insuffisants pour faire une étude détaillée de
l'allure de ces filons et de leur dérangement, aussi dans leur
étude stratigraphique serai-je obligé, surtout pour déterminer
leur âge relatif, de recourir aux différences géologiques auxs-
quelles j'ai dû donner une importance tout à fait exceptionnelle.

Les *filons aurifères connus peuvent être réunis en quatre
groupes :* **le filon principal** ou de San Pablo dirigé approxi-
mativement du N. au S. magnétiques.

Et *trois séries de croiseurs* que je caractériserai par leur
direction approximative exprimée en *heures* de la boussole (1).
Ce sont par ordre d'ancienneté :

---

(1) La déclinaison magnétique est environ de 9° 1/2 vers l'Est.

1er système ou San Juan   H.   2 — 3. — Direction vraie, E 43° 1/2 N.
2°   —   H.   9 — 10. —   —   S 28° E.
3°   —   San Andres H. 10 — 11. —   —   S 13° E.

En parcourant le terrain on y remarque en outre des fentes nombreuses EW et H 4 qui correspondront peut-être lors de l'exploitation à des glissements de terrain ou seront même le centre d'une minéralisation plus récente.

Quel que soit le système auquel ils appartiennent les filons plongent tous vers l'Ouest sous un angle variant de 75 à 80°.

a. FILON PRINCIPAL. DIRECTION VRAIE N. $9\frac{1}{2}$ E.

Ce filon a été l'objet récemment des travaux les plus importants. Le puits « San Pablo Chico » foncé à une profondeur d'une dixaine de mètres y donne accès à deux étages de galeries. L'un à 4^m de la surface, l'autre au niveau du puisard $(9^m,00)$.

Les galeries supérieures ont une étendue en direction de $4^m,50$ vers le S. et de $2^m,50$ vers le N. La première rencontrerait à quelques mètres les travaux superficiels dont je parlerai bientôt, l'autre a été arrêtée par un rejet qu'éprouve le filon principal à la rencontre du croiseur (h. 10-11) du San Pablo Grande.

A l'étage inférieur la galerie d'une dizaine de mètres communique par une cheminée avec un travail exécuté au-dessous du niveau du puisard dans la masse du filon. Les échantillons analysés à Paris avant mon départ en étaient extraits.

A la rencontre du filon et du croiseur qui traverse diagonalement le puits de San Pablo Chico, leur réunion atteint une puissance de plusieurs mètres tant en filon compacte, qu'en veines quartzeuses et aurifères se ramifiant dans les épontes;

plus loin le filon proprement dit reprenant son allure conserve une puissance moyenne de $0^m,60$ à $0^m,80$, à laquelle il faut ajouter une épaisseur égale de roches encaissantes suffisamment riches pour être soumises au traitement.

Au S. du puits des travaux ont été entrepris au niveau de l'étage supérieur. Une tranchée à travers banc de 25^m a recoupe le filon que les travaux ont suivi sur une étendue de 45^m, dont 40 sur le nord dans la direction du puits. A l'extrémité sud de la galerie les travaux ont recoupé un croiseur (h. 2-3) qui à cette profondeur offre déjà une minéralisation qui permet de beaucoup espérer de son exploitation. Le filon principal y est momentanément perdu, mais il n'a réellement subi qu'un rejet de quelques mètres vers l'Est.

Plus au Sud on en suit, du reste, les affleurements jusqu'à la Cañada J. Pais avec une grande régularité, mais nulle part aucun travail sérieux n'a été entrepris, sauf ceux de San Nicolas où un commencement de recherche abandonné lors de l'extension donnée à San Pablo a eu lieu il y a quelques années.

b. CROISEURS (H. 2-3). DIRECTION VRAIE. E. $45°\frac{1}{2}$ N.

(1er *Système ou San Juan.*)

Deux filons de ce système, le plus ancien des trois, nous intéressent particulièrement: celui que je viens de signaler et le filon San Juan.

Le premier que nous avons vu rejeter le filon principal, est l'un des plus étendus du bassin. Depuis le versant N. de la colline de San Pablo, nous en suivons, en effet, vers le S. les affleurements sans interruption en nous dirigeant sur le Rancho de Juan Gonzales. En plusieurs points il a profondément modifié la roche encaissante en y prenant lui-même des dimensions exceptionnelles, mais toujours en se subdivisant en plusieurs branches voisines de quelques décimètres de puissance séparées par du porphyre quartzifère très-ferrugineux et certainement aurifère. Particulièrement en arrivant à la Canada de Juan Pais, cet épanouissement est frappant et en comparant l'aspect du filon aux résultats obtenus à San Pablo, on ne peut qu'en bien augurer pour sa richesse en profondeur.

L'ouverture à flanc de côteau d'une galerie sur le filon permettrait rapidement de se fixer et conduirait probablement à y créer un centre particulier d'exploitation, mais dès aujourd'hui que l'on continue les travaux actuels, que l'on profite de la galerie à travers bancs n° 1, ou qu'on l'attaque par le premier niveau du puits central dont je proposerai bientôt le fonçage, ce filon sera immédiatement près de San Pablo le centre de plusieurs chantiers d'abattage.

Ce croiseur a des caractères spéciaux : la galène y est plus abondante que dans le filon principal, mais y est concentrée au mur du filon ; le quartz moins compacte y est subdivisé en plaques par une série de veines de fer oligiste qui toutes à cette profondeur renferment déjà l'or en dendrites fortement développées.

Ce filon plus récent que le filon principal est à plusieurs reprises réjeté par des croiseurs (h. 9-10) du deuxième système.

Le *filon San Juan* s'il n'est géologiquement qu'un crois eur, puisqu'il est postérieur au filon S. Pablo Chico, n'en est pas moins par sa puissance, son étendue et sa minéralisation, à en juger par ses affleurements, le plus important de tout le bassin.

Son quartz à cassure esquilleuse est plus dur ; il est légèrement coloré par l'oxyde de fer disséminé dans sa masse, souvent caverneux et renferme alors d'innombrables géodes tapissées de fer oligiste nettement cristallisé.

Ce filon qui traverse obliquement plusieurs vallées pourrait être le siége d'une exploitation très-active que faciliteraient le relief du terrain, et le croiseur (h. 9-10) qui le recoupe dans le voisinage du puits S. Juan inondé lors de ma visite.

c. CROISEURS (H. 9-10). DIRECTION VRAIE. S. 28° E.

(2ᵉ *Système.*)

En dehors de ce croiseur qui lui aussi rejette vers l'E. le filon S. Juan je n'ai rencontré qu'un seul filon de ce système qu'a recoupé la galerie d'assèchement du puits S. Pablo Grande; il n'a, du moins à ce niveau, que 2 décimètres environ de puissance, mais il est important par la multiplicité de ses rencontres avec les autres filons du bassin la plupart plus anciens que lui comme le filon principal et ceux de l'h. 2-3, les autres plus récents comme ceux de San Andres et de S. Pablo Grande, tous deux du troisième système, qui seront autant de centres importants que signalent la puissance du filon quartzeux, sa teneur élevée, et surtout la fréquence des pepites.

Ce système le moins développé, en apparence, du bassin y occupera peut-être dans l'avenir un rang d'autant plus important que son exploitation n'exigera aucuns travaux particuliers tandis que ses minerais auront la teneur moyenne la plus élévée.

d. CROISEURS (H. 10-11). DIRECTION VRAIE S. 13° E.

(3ᵉ *Système ou San Andres.*)

Le puits le plus ancien de la concession, celui de S. Pablo Grande a été ouvert sur un filon de ce système; des travaux y ont été entrepris à deux niveaux voisins, mais le cuvelage ayant cedé, je n'ai pu en visiter qu'une partie de l'étage supérieur, où aboutit la galerie à travers bancs n° 2.

Ce filon me paraît avoir en moyenne 2 1/2 à 3 décimètres, serait compacte, se rapprocherait du type (A) et aurait fourni, au dire des mineurs, d'importantes quantités de minerais d'une teneur élevée.

Les eaux du bassin ayant envahi après l'obstruction du puits les anciens travaux, MM. Biraben ont reçu dernièrement à Montevideo une pompe à vapeur qui permettrait le cas écheant de les reprendre sans difficultés. L'épuisement en serait d'ailleurs d'autant plus facile que, *sauf de légères infiltrations, les travaux souterrains dans tout le bassin du Cuñapiru ne reçoivent uniquement que les eaux pluviales qui s'y engouffrent, faute de travaux superficiels de défense.*

Un autre filon, celui de San Andres affleure entre les groupes S. Pablo et S. Juan. Je manque absolument de renseignements précis sur son importance, le seul travail ouvert sur son effleurement étant impraticable, mais dans tous les cas en l'attaquant par le puits central et l'abattant par gradins renversés il donnera dans ces conditions économiques d'exploitation de bons résultats. Toutefois il paraît moins minéralisé que les précédents, et on ne rencontre aucun croiseur plus récent, ce qui ne permet pas d'y espérer un enrichissement exceptionnel au moins immédiat.

En réfléchissant à cet ensemble de filon, on restera convaincu, je crois, que les *gisements aurifères tout en étant l'une des dernières manifestations de la formation métallifère de notre planète, n'en sont pas moins régis, comme je le disais au commencement de ce chapitre, par les lois générales que l'expérience et l'observation ont sanctionnées.*

CHAPITRE II.

Projet d'exploitation.

La continuité des filons établie, aucune hésitation n'est possible sur le mode d'exploitation à adopter, et tout venant démontrer une formation régulière, le programme qui s'impose à l'ingénieur est *d'ouvrir en profondeur des travaux qui tout en augmentant la production, assurent l'avenir de l'exploitation.*

Des travaux attaqués à ciel ouvert, ou suivis sur les filons par des descenderies donneraient certainement un résultat immédiat que nous ne devons pas négliger, mais ils auraient le grand inconvénient si on ne se décidait avant tout au fonçage d'un puits, de cribler les affleurements de travaux éphémères, de rendre onéreux et difficile le service d'extraction et d'épuisement, et même d'entraver l'exploitation dès que l'on parviendrait aux rejets que rend inévitables la stratigraphie du bassin.

Les travaux actuels : les deux puits San Pablo, la galerie ouverte sur le filon principal, et même un nouveau niveau aboutissant à la galerie à travers bancs n° 1 peuvent à peu de frais être remis en exploitation et fournir une quantité de minerai qu'augmentera peu à peu une disposition méthodique des chantiers, mais on ne doit attacher à ces travaux qu'une importance toute secondaire, et il faut avant tout foncer au centre du bassin un *puits central* spacieux et solidement cuvelé. (Pl. II-III.)

Le relief du terrain et l'allure des filons m'ont fait choisir pour son emplacement une dépression à quelques mètres au S. de la travers n° 1. En se reportant à la coupe EW géologi-

2

que du terrain menée par ce point Pl. III, on reconnaît que ce
puits permettrait, aux légères modifications près qu'y pourraient exceptionnellement apporter en profondeur les variations
en direction ou en inclinaison, l'ouverture de *cinq niveaux principaux d'exploitation* ; 3. Ceux de 50, 85 et 130^m recoupant
tous les filons du groupe San Pablo; 2. ceux de 225 et 336^m
qui suffiraient à l'exploitation en profondeur de San Andres
et de son croiseur, tandis qu'enfin à une profondeur plus
considérable encore il rencontrerait les deux filons connus du
groupe San Juan; le filon San Juan et son croiseur.

Tandis qu'enfin le filon principal pourrait encore être atta-
qué directement, comme je l'ai dit au Sud de la concession près
du ruisseau J. Pais et même en son centre au ruisseau d'A° Eva-
rista où l'on ouvrirait une galerie d'aérage, le groupe San
Juan doit être lui-même le siége de travaux particuliers. On
pourrait, en effet, y ouvrir dès maintenant au fond de la val-
lée qui le sépare de San Pablo une galerie, et même ultérieurement un puits spécial pour entreprendre son exploitation et
celle de son croiseur H. 9-10. On pourrait d'ailleurs ici encore pour faciliter l'aérage reprendre l'ancien puits San Juan
foncé à leur rencontre : Une troisième galerie pourrait enfin
être entreprise au Sud du massif San Andres.

Les travaux que je viens d'énumérer une fois en exploitation et les anciens puits et galeries méthodiquement repris
on pourra compter sur un *minimum de quarante chantiers
d'abattage* :

Anciens travaux......................	10
Puits central.........	16
Groupe San Juan....	8
San Andres et filon principal prolongé.	6

Or, en donnant aux galeries 1^{m}50 $\times$ 2,00 on peut admettre
avec une direction et un contrôle sérieux, et surtout en em-

ployant la dynamite supérieure à la poudre pour l'abattage des quartz aurifères arriver à un avancement quotidien de 0^m50, soit à une production de 1,1/2 ^{m3} ou 3 T. 3/4 par chantier.

La *production moyenne quotidienne* serait donc de 150 T. *minerai tout venant*, soit :

12 ^{t} 1/2 minerai, 1re catégorie (1).
37 1/2 » 2° »
100 » 3° »

En prenant pour bases les proportions obtenues lors de la classification des échantillons que j'ai prélevés,
Les frais mensuels seraient de 350 piastres par chantier.

224 journées mineurs, à 1 p. 1/4........ 280
1 qq. poudre à 26 p. 1/2 (2)..... .... 26.50
Outils, faux frais, boisage............. 43.50

soit *par tonne* $\dfrac{350}{3.7 \times 28} = \dfrac{350}{105} = 3\ 1/3$ *piastres par tonne de minerai tout venant.*

En prenant les proportions précédentes et tenant compte des valeurs relatives je prendrai dorénavant comme *prix de revient de minerai abattus au chantier d'abattage,*

5 *piastres pour les* 1re *et* 2° *catégories.*
2.5 *pour la* 3°.

(1) Voir **Chapitre III**, folio 21, la définition des trois catégories.
(2) Le prix de la dynamite à Cuñapirù m'étant inconnu, j'ai conservé celui de la poudre.

Prix coûtant en douane, droits payés. P. 25
Transport, P. 40 pour 30 qq........ 1.33
Faux frais,....................... 0.17
______
Soit par quintal. 26.50 piastres.

CHAPITRE III.

Méthode de traitement.

En abordant cette question capitale d'où dépend en réalité l'avenir des gisements aurifères du Cunapirù dont la richesse et la puissance sont incontestables, deux solutions se présentent :

1° Le *traitement par fusion et coupellation*.

2° *L'amalgamation de la totalité des minerais*.

Le *traitement par fusion*, qui n'a encore été pratiquement essayé pour l'espèce de minerai qui nous occupe, me paraît avoir nombre d'inconvénients que ne peuvent compenser les avantages qui en résulteraient, dit-on, pour le rendement.

La ténuité de l'or disséminé dans la masse de minerai et l'existence d'une proportion notable de galène et accidentellement de pyrites blanches rendant impossible un enrichissement mécanique de quartz dont la totalité est du reste fortement aurifère, ne faudrait-il pas, en adoptant ce mode de traitement, soumettre à la fusion la totalité du minerai !

Le pourrait-on d'ailleurs surtout sur place? Certes non, car se procurerait-on même à grands frais la galène ou le plomb aurifère à ce traitement, il serait encore impossible d'*opérer par réactions* et l'on ne pourrait qu'imiter dans son ensemble la méthode connue de Poullaouen et passer le tout aux réverbères difficiles à conduire au bois.

Le four à manche s'imposerait donc, mais alors l'énorme proportion de silice que renferme le minerai serait encore une difficulté d'autant plus sérieuse que l'on ne pourrait additionner les lits de fusion d'un fondant alcalin ou alcalino-terreux facilitant la réunion des grenailles métalliques.

Aussi l'**amalgamation paraissant le seul moyen pratique de traitement, je l'ai définitivement admise.**

Les minerais grossièrement concassés avec toutes les précautions nécessaires pour en recueillir les éclats ordinairement les plus riches en or, seraient alors divisés en *trois catégories* soumises à un traitement spécial :

1° *Minerais contenant l'or sous forme de mouches, de filaments, de dendrites ou même de pépites disséminées dans leur masse.*

2° *Minerais quartzeux proprement dits.*

3° Enfin, les *minerais de qualité inférieure* tels que les porphyres aurifères des épontes, les desmontes et les graviers de la superficie.

Les minerais de la première catégorie qui proviennent de la partie centrale des filons et principalement des veines aurifères qui se ramifient dans les épontes (1/12 du poids total), seraient pulvérisés aux bocards comme tous les minerais ; ils seraient alors soumis à une amalgamation spéciale destinée à les *appauvrir* avant de les soumettre au traitement général ; ceux de la deuxième catégorie pourraient être soumis au même traitement si l'expérience y montrait un avantage réel, mais je le crois inutile.

Les meules verticales que proposait M. Rivot dans son traitement des minerais pyriteux aurifères de Californie me paraissent les mieux appropriées à cette opération. Comme le *Pan*, cet appareil pris comme système exclusif de traitement, aurait le grave inconvénient de la séparation incomplète des boues et de l'amalgame, quelque soin que l'on y apportât, mais cette perte n'est pas à redouter. La majeure partie de l'amalgame séparée au sortir de la piste, n'entrerait-il pas avec les autres minerais dans les *Sluices-Boxes* où doit s'opérer leur amalgamation. Quelle facilité d'installation, quelle économie dans la main-d'œuvre, quelle sûreté même dans le

contrôle, ce système n'offre-t-il pas! Un bocardage soigné
dégageant les particules d'or et amenant la totalité de la
roche à une division extrême, l'amalgamation y acquiert
une perfection que l'on ne pouvait espérer dans le traitement
des alluvions californiennes ; on évite, en effet, ainsi les difficultés presque insurmontables du débourbage qui condamne
l'emploi des tonnes, aussi parfaite que soit leur installation.

L'amalgamation dans les Sluices-Boxes avait bien en Californie l'inconvénient d'exiger des quantités d'eau considérables que livraient aux exploitants à des prix onéreux des
compagnies spéciales dont les travaux utilisaient en se ramifiant à de grandes distances les moindres ruisseaux. A Cuñapirù, au contraire, le Rio et l'un de ses affluents, l'Arroyo de
San Pablo, avec quelques travaux d'aménagemént, fourniront
la force motrice aux Bocards et assureront le service des appareils d'amalgamatiou.

Un autre inconvénient de ce mode de traitement est la ra-
pidité de l'accumulation des sables traités dans le lit des
cours d'eau chargés de les entraîner. Ici encore le courant du
Cuñapirù, surtout pendant les crues d'hiver, les transportera
au confluent du Tacuarembo Grande où des marécages peuvent les recevoir sans inconvénients pendant nombre d'années. Les berges seraient-elles d'ailleurs modifiées, les terrains
des bords du Rio appartiennent tous à l'Etat et sont loin
d'avoir la valeur de ceux de l'Yuba, où la spéculation a trop
souvent profité de la position critique des exploitants.

Dans de pareilles conditions les Sluices-Boxes californiens
sont en principe le système le plus simple, le plus économique et même le plus parfait du traitement, mais il faut
encore leur faire subir d'importantes modifications de
détail.

Les minerais finement pulvérisés, il est, en effet, incontes-
tablement préférable d'exagérer leur largeur, tout en dimi-

nuant la vitesse du courant, et surtout de substituer aux pavages ordinaires d'une installation coûteuse, de petites planchettes transversales placées de champ. On arriverait ainsi à diminuer encore notablement la perte du métal précieux qui est d'ailleurs insignifiante relativement à la richesse moyenne des minerais traités comparée à celle des alluvions californiennes (1).

CHAPITRE IV.

Installation des usines.

Tout s'étant borné jusqu'aujourd'hui à l'ouverture de quelques chantiers d'extraction, les dépendances de la mine ne comprennent que des *ranchos* en pierre d'une superficie de 160 m. q. environ occupés par les ouvriers, une forge volante, et les provisions nécessaires aux mineurs et aux travaux souterrains. Ces constructions, situées à proximité des puits de San Pablo, sont destinées à disparaître, mais rendront néanmoins de grands services au commencement des travaux d'installation qui comprendront en outre de la création des centres d'extraction que j'ai énumérés, des usines de traitement, des magasins, des logements de contre-maîtres et d'ouvriers, des bureaux et un laboratoire d'essai et la résidence de la direction.

(1) La teneur maxima des alluvions californiennes est celle des graviers de la mine Jowa-Hill, rendant 4 fr. 80 au m3. Une des plus faibles est celle de la mine Wisconsin, 0 fr. 85. Il est du reste à remarquer que le m3 pèse plus de 2,100 kilos.

Je vais d'abord examiner les ressources du pays pour de pareilles installations.

MATÉRIAUX.

1° *Pierres et briques*. — Les grès quartzeux des *Tres Cerros* sont d'excellents matériaux de construction, d'une légèreté remarquable, prenant bien le mortier, et se subdivisant même parallèlement à leurs plans de clivage en dalles de toutes épaisseurs utilisables en revêtement et même comme pavage partout où le roulage ou la circulation ne sont pas trop considérables.

Les gneiss et les porphyres du bassin aurifère et même les filons quartzeux stériles sont, au contraire, par leur dureté et leur densité, éminemment propres aux travaux hydrauliques et surtout aux enrochements des barrages de retenue.

Ces pierres et moellons ne coûteraient que les frais d'extraction et ceux peu élevés de transport à pied d'œuvre.

A proximité se trouvent des amas de terres à briques d'excellente qualité qu'il serait facile de façonner sur place et de cuire en utilisant les taillis du *Monte*.

Enfin les briques réfractaires nécessaires à quelques travaux spéciaux se vendent à Montevideo de 15 à 18 piastres le mille. Ce prix est un maximum (1).

2° *Chaux et ciment*. — Le filon calcaire qui traverse le bassin aurifère du Cuñapirù ne fournit que des chaux maigres pour élévation. En quelques points, cependant, on en tire d'excellente chaux grasse pour crépis.

Le prix est aujourd'hui de 10 à 12 réaux la Fanega, soit 10 à 12 piastres les 1000 kilos.

Pour toutes les constructions soignées, et surtout les tra-

____

(1) Aux prix de Montevideo, il y a à ajouter comme nous le verrons, 20 à 22 piastres par tonne pour frais de transport.

vaux hydrauliques, il faudra donc recourir au ciment romain que l'on peut se procurer à Montevideo au prix de 12 piastres.

3° *Bois*. — Sur les bords des Rios Cuñapirù et Tacuarembo Grande se trouvent réunis dans les *Montes* comme essences et comme dimensions tous les bois nécessaires à la construction des usines, au boisage des mines, et même à la préparation du combustible nécessaire à la distillation de l'amalgame et au service des ateliers de réparation.

Une scierie installée, ces forêts, que l'on pourrait exploiter moyennant une faible redevance, satisferaient donc à tous les besoins.

On pourrait, d'ailleurs, pour les bois spéciaux et pour commencer les travaux, s'approvisionner à Montevideo.

4° *Fers*, etc., etc. — Les autres matériaux et toute la machinerie doivent être rapportés d'Europe par le Port de Montevideo. Les usines installées, quelques réparations pourraient y être faites dans les ateliers complets de construction qui y sont établis, mais si l'on réfléchit aux retards que pourraient occasionner de pareils déplacements on sera facilement convaincu de la *nécessité absolue* d'installer à proximité des usines un atelier de réparation, même plus complet que de coutume, soit pour l'entretien du matériel, soit même pour la construction de quelques appareils courants, dont on pourrait avoir besoin pour l'exploitation.

TRANSPORTS.

L'importance du tonnage de tout le matériel nécessaire, malgré l'éloignement des gisements aurifères du port d'embarquement, ne sera cependant pas une difficulté réelle.

Transbordé à Montevideo directement des bateaux sur les wagons du chemin de fer central, il ne doit, en effet, être chargé sur essieux qu'à Durazno son terminus actuel. De là à pied d'œuvre, il faudra inévitablement recourir aux *charrettes à bœufs* qui font aujourd'hui tous les transports de l'intérieur. Leur chargement varie de 1 1/2 à 2 T. Suivant les saisons, leur voyage de Durazno au Cuñapirù est d'une quinzaine de jours pendant l'été, le frêt de 30 à 35 piastres; en admettant une moyenne de 175 francs pour une charge de 1 T. 3/4, *le fret ressort donc à* 100 *fr. la tonne.*

CONSTRUCTIONS HYDRAULIQUES

Le fonctionnement des turbines des usines de pulvérisation et l'alimentation des canaux d'amalgamation nécessitent d'importants travaux hydrauliques pour l'aménagement du Rio Cuñapirù et de l'Arroyo S. Pablo, d'où dépendent l'extension de l'exploitation du bassin.

L'Arroyo de S. Pablo, distant de quelques centaines de mètres du puits central projeté, débite d'après mes observations au moment des basses eaux de 55 à 60 litres par seconde, avec une vitesse de 0 m. 75; en emmagasinant les eaux de la nuit on doublerait cette quantité que l'on pourrait encore notablement augmenter en établissant près du Rancho Rosadillo, un barrage transversal qui, en profitant du relief du terrain, permettrait d'y emmagasiner à peu de frais les eaux d'orages. Avec une chute de 3 mètres que l'on peut facilement obtenir, le débit actuel donnant une force de 3 1/2 C. On pourrait alors *compter sur une force minima de plus de* 10 C plus que suffisante au concassage des minerais qui y seraient débourbés et tirés avant d'être dirigés sur le Rio Cuñapirù qui lui peut faire face comme je l'ai annoncé, à tous les besoins d'une grande exploitation quelle que soit son importance.

D'une largeur moyenne de 20 mètres, d'une profondeur d'environ 0 m. 50 à l'étiage, d'une vitesse moyenne de plus de 2 mètres par seconde, il fournirait pour une chute de 2 mètres facile à obtenir en combinant un barrage à aiguilles et un déversoir fixe, une force théorique minima de 40,000 kilogrammètres par seconde.

En choisissant comme moteur des turbines versant l'eau latéralement, qui puissent fonctionner quand elles sont noyées pendant les crues à une profondeur quelconque, on obtiendrait donc aisément avec un rendement moyen de 65 0/0, 26000 kilogrammètres par seconde, soit 345 C *par barrage*.

Déduisant de ce chiffre 45 C plus que suffisants pour l'alimentation des *Sluices-Boxes*, nous arrivons donc à une force effective de 300 C par barrage.

Le lit encaissé et rocheux du Rio facilite l'établissement des barrages, surtout en adoptant comme je le propose des barrages à aiguilles que l'on pourrait abattre sans inconvénients lors des crues en donnant aux turbines des dimensions suffisantes pour fournir pendant l'hiver avec une chute réduite à 1 mètre toute la force motrice nécessaire aux usines.

Les minerais débourbés et triés seraient facilement transportés à peu de frais au Cuñapirù par un tramway d'environ 3,500 mètres.

USINES DE TRAITEMENT.

Quoique, avons-nous vu, dans les chantiers d'abattage organisés on puisse compter sur une production journalière de 150 T. de minerai tout venant, qui augmenterait d'ailleurs avec l'ouverture successive de nouveaux travaux, je prends pour type une usine pouvant *bénéficier* quotidiennement 70 T. de minerais.

Cette usine comprendrait :

1° *Cinq batteries de* 10 *bocards* produisant en moyenne comme ceux de Californie, 1 T. 1/4 par journée de 10 heures ; quatre seraient en service, et une en nettoyage et en réparation ; leur dépense serait de 65 C.

2° *Deux meules d'amalgamation* où l'on traiterait les minerais bocardés de la 1re catégorie et les parties les plus riches de la deuxième, recueillies sur des caissons à or imitant ceux de Transylvanie. Une de ces meules pouvant amalgamer 3 T. par 12 heures, soit 6 T. par jour (1), un appareil suffirait donc au besoin. Quant à la force motrice que nécessitent ces moulins, je ne puis l'évaluer, mais 35 C sont plus que satisfaisants pour leur service et celui des autres appareils de l'usine.

3° Les minerais riches appauvris et les autres produits aurifères seraient alors soumis à l'amalgamation dans les *Sluices Boxes*.

J'ai déjà signalé quelques modifications à apporter aux appareils californiens, surtout en vue de la nature particulière des produits à traiter et de leur division, mais ce ne sont pas les seules.

Quoique l'on ait constaté que 10^{m3} d'eau suffisent pour $1^{m3} = 2$ T. 1/4 de minerai, il faudrait je crois porter la dépense à 500^{m3} par h. ou $500/7 = 75^{m3}$ par tonne pour faciliter l'amalgamation d'autant plus complète que les eaux sont plus limpides et réduire en même temps la pente à 0 m. 001, tout en l'augmentant cependant dans quelques sections que l'on pourrait même rétrécir au besoin pour y provoquer par un remou la séparation des éléments les plus denses.

On donnerait enfin au canal un développement de 12 à

---

(1) Durée d'une opération :

Trituration.......................	9 heures.
Réunion et dissolution de l'amalgame....	2 h. 1/2.
Déchargement et rechargement	1/2 heure.
	12 heures.

1,500 mètres ; il déboucherait ainsi en aval d'un deuxième barrage que l'on pourrait au besoin établir au S. du Passo de las Pietras, si le développement des usines l'exigeait ; ce barrage donnerait au minimum 200 C de supplément.

Une pareille usine (p. 70 T.) n'utilisant que le tiers environ de la force motrice que donnerait le premier barrage, *on pourrait donc en triplant cet outillage, suffire au traitement de* 200 T. *de minerai*, et porter le cas échéant ce chiffre à 350 T. par l'érection d'un deuxième barrage en aval du Passo.

DEVIS.

Je subdiviserai ce devis tout à fait approximatif en deux parties comprenant : la 1re les *dépenses générales* indépendantes de l'importance des usines de traitement ; la 2me les *frais de construction d'une usine de traitement pour élaborer* 70 *à* 75 *T. de minerai par journée de travail.*

1° Les *dépenses générales s'élèvent* (*Annexe* A. 1°) *à* 1,500,000 fr.

a.	Exploitations des mines	450.000 fr.
b.	Voies de communication	200.000
c.	Constructions diverses	200 000
d.	Travaux hydrauliques	350.000
e.	Ateliers de réparation	100.000
f.	Voitures et cavalerie	25.000
	Imprévu	175.000
		1.500.000 fr.

2° Les *dépenses pour une usine de traitement de* 70 *tonnes* (*Annexe* A. 2°), *à* 675,000 fr.

a.	Outillage du tramway	20.000 fr.
b.	Usine S. Pablo (Débourbage, triage)	150.000
c.	Usine Cuñapirú (Amalgamation)	465.000
	Imprévu	40.000
		675.000 fr.

Les *frais de premier établissement pour l'extraction et l'é-laboration journalière de* 150 *tonnes de minerai tout venant* seraient donc de 2.850.000 fr.

1° *Dépenses générales*...............	1.500.000 fr.	
2° *Deux usines à* 675.000 fr.........	1.350 000	
	2.850.000 fr.	

Il y a d'ailleurs à ajouter à ce chiffre :

1° *Pour remboursement du matériel in-ventorié, des minerais extraits et im-prévu*...........................	500.000 fr.
2° *Pour fonds de roulement*...........	650.000
Soit......	1.150.000 fr.

Portant à **une somme de quatre millions de francs le capital nécessaire à l'installation et au fonctionnement des usines.**

CHAPITRE V.

Comptes de fabrication

DÉPENSES DIVERSES POUR UN TRAITEMENT DE 10 T. PAR JOUR, SOIT 3,000 FR. PAR AN.

1° Teneur supérieure à 150 gr. par tonne (1ᵣᵉ et 2ᵉ catégories).

3,000 *tonnes, minerai concassé rendu à l'usine à* 28 fr. 50 :

Abattage...........................	26 fr. 00	
Concassage et triage.................	1 fr. 50	
Elévation et transport...............	1 fr. 50	
	28 fr. 50	85.500 fr.

Report.....	85.500 fr.
600 *j., contremaître et mécanicien, à* 10 fr...	6.000
900 *j., manœuvre à* 5 fr....................	4.500
Consommation de mercure (10 fr. *par tonne*)...	30.000
Menus frais et imprévu...................	9.000
Entretien et réparations...................	10.000
Direction 1/7.......	15.000
	160.000 fr.

2° **Teneur inférieure à 150 gr. (3ᵉ catégorie).**

3.000 *tonnes, minerai concassé à* 15 fr. 50 :

Abattage........................ ...	13 fr. 00	
Concassage et triage.............	1 fr. 50	
Elévation et transport...............	1 fr. 50	
	15 fr. 50	46.500 fr.

900 *j., manœuvres à* 5 fr....................	4.500
Consommation de mercure (13 fr. 50 *par tonne*).	10.500
Menus frais et imprévu...................	8.500
Direction (1/7)...........................	15.000
	95.000 fr.

Les **Dépenses annuelles, non compris le frêt et l'assurance de lingots, le service du capital et les frais généraux à Paris, s'élèveraient donc à environ 1.750.000 fr.:**

1° Traitement de 50 tonnes (1ʳᵉ et 2°) à 160.000 fr....	800.000 fr.
2° — 100 — (3°) à 95.000 fr..........	950.000
	1.750.000 fr.

Quant au rendement en or de la fabrication, je ne puis le fixer avant que les échantillons que j'ai prélevés aient été analysés, mais cependant comme je l'ai déjà signalé, abstraction faite des minerais de 3° catég. (épontes ou graviers) qui donneront, je pense, lors de leur traitement, un produit au

moins triple de leurs frais de traitement, non-seulement les minerais quartzeux proprement dits (2ᵉ) accuseront à l'essai une
teneur supérieure à celle obtenue à Paris avant mon départ,
mais les minerais de 1ʳᵉ donneront eux-mêmes des résultats
inespérés tels qu'aucun gisement connu n'en a encore donné
si nous exceptons quelques pépites isolées, qui ont déjà été
extraites et pourront encore se rencontrer au croisement des
filons du Cuñapirù.

CONCLUSIONS.

Les analyses terminées on pourra immédiatement com-
prendre la valeur réelle du nouveau bassin que je viens d'é-
tudier et surtout évaluer les bénéfices annuels d'une exploitation établie sur les bases que je propose. Contrairement aux
autres gissements aurifères ou argentifères en exploitation en
Californie ou au Mexique qui sont subdivisés à l'infini en concession de quelques hectares seulement de superficie, et dont
les limites restreintes sont une gène continuelle pour l'aménagement et la direction des travaux, ce bassin a été concédé en
entier à MM. Biraben par le gouvernement. La mine *Santa-Ernestina* dont les titres qui m'ont été soumis sont complètement
en règle embrasse ainsi à elle seule plus de *seize cents hectares*.

A cette étendue exceptionnelle il faut ajouter la *teneur des
filons* à laquelle ne peuvent être comparés les résultats même
les plus élevés, obtenus en amalgamant les alluvions de l'Yuba
où les quartz de Guadanaxato, et la *proximité du rio Cuñapirù*,
dont la concession permettra le traitement hydraulique, le
plus économique, je pense, que l'on connaisse encore, surtout
quand quelques barrages suffisent à en assurer le fonction-

nement. L'avenir les confirmera et peut-être même les résultats dépasseront-ils mes espérances ; **aucun gisement connu de métaux précieux n'est en effet d'une richesse comparable à celle des quartz de Cuñapiru surtout si l'on réfléchit aux facilités d'extraction et de traitement dont on y dispose.**

La fertilité du sol, la douceur du climat et surtout l'abondance des eaux y faciliteront aussi autant que l'appui bienveillant du gouvernement assuré à toutes entreprises industrielles qui s'implantent dans la République de l'Uruguay, l'établissement d'une colonie minière qui n'aura à souffrir aucune des privations matérielles qui pendant de longues années ont empêché, malgré les sacrifices des compagnies, le développement de l'industrie minière en Amérique et principalement sur les côtes du Pacifique.

A bord du S. S. « Cordillera », 8 août 1878.

V. L'OLIVIER,

. Ancien Ingénieur de l'Etat.

ANNEXE

1º Dépenses générales.

a. Exploitation des Mines :

Mise en état des chantiers actuels		50.000
Puits central : Foncage 150.000		
Machines d'épuisement et		225.000
d'extraction 75.000		
Galerie d'aérage du filon principal		25.000
Travaux divers sur le groupe San Juan		100.000
Galeries diverses		15.000
Forge et Poudrière		10.000
Menu outillage		25.000
	450.000	450.000 fr.

| | | Report......... | 450.000 fr. |

b. *Voies des communications* :

Tramway du Cuñapirù......................	150.000	
Amélioration des passos et ponts sur le Cuñapirù.	50.000	
	200.000	200.000 fr.

c. *Constructions diverses* :

Résidence.de la direction et dépendances.......	150.000	
Maisons de contre-maîtres et ouvriers..........	50.000	
	200.000	200.000 fr.

d. *Travaux hydrauliques* :

Barrage à l'Arroyo S. Pablo...................	100.000	
— du Rio Cuñapirù.....................	250.000	
	350.000	350.000 fr.
e. *Ateliers de réparations*........................		100.000
f. *Voitures et Cavalerie*.........................		25.000
Imprévu.		175.000
Total............		**1.500.000 fr.**

2º Dépenses d'installation d'une usine p. 70 t.

a. Outillage du Tramway, etc......................		20.000 fr.

b. *Usine S. Pablo* (Débourbage et triage) :

Canaux et labyrinthes.........................	20.000	
Appareils concasseurs........................	30.000	
Bâtiments, etc., force motrice.................	100.000	
	150.000	150.000

c. *Usine Cuñapirù* (Amalgamation) :

1º Bocards et meules : Force motrice..	125.000		
5 B. de bocards...........	150.000		
2 meules	45.000		
Menus appareils...........	10.000		
Bâtiments	20.000		
	350.000	350.000	
2º Sluices, Boxes...........................		100.000	
3º Usine de distillation et fusion...............		15.000	
		465.000	465.000
Imprévu...................................			40.000
Total............			**675.000 fr.**

RAPPORT COMPLÉMENTAIRE.

L'étude géologique du bassin du Cuñapirù, celle des moyens d'exploitation et de traitement les mieux appropriés à l'allure et à la nature de nos filons, et le compte raisonné des frais de ces deux opérations, ayant fait l'objet d'un premier rapport, il me reste à examiner dans ce travail complémentaire, les *résultats fournis par l'analyse des échantillons rapportés de ma mission* et en déduire *les bénéfices que l'on peut espérer de l'exploitation de la mine Santa-Ernestina* entreprise sur les bases que j'ai proposées.

CHAPITRE PREMIER.

Echantillonnage et essais des minerais.

Les minerais abattus par mes soins sur le filon principal et les croiseurs que j'ai précédemment décrits dans mon rapport ont été classés sur place en 3 catégories :

La première et la seconde représentent le *filon quartzeux proprement dit*.

La troisième les *débris des épontes* abattus lors de l'ouverture des galeries.

Le procès-verbal d'échantillonnage du 29 mai dernier en indique les proportions relatives que résume le tableau suivant qui a été pris pour base du calcul des essais :

TABLEAU A.

DÉSIGNATION et PROVENANCE.	FILON QUARTZEUX (p. 100 parties).		EPONTES P. 100 p. de minerai proprement dit (3e catégorie)
	(1re catégorie) (P)	(2e catégorie) (P')	
A. Puits croiseur, H. 10 — 11. Niveau 4 mètres..........	23	77	67.5
B. Puits croiseur. H. 9 — 10. Niveau 4 mètres..........	15	85	184
C. Puits. Filon principal. Niveau 10 mètres...........	13	87	112
D. Galerie croiseur, 4, 2, 3. Niveau 4 mètres............	21	79	83
E. Galerie. Filon principal. Niveau 4 mètres............	20	80	81

Ces minerais ont été à leur arrivée à Paris pulvérisés pour être analysés, les résidus du tamisage de chaque échantillon fondus avec de la litharge et un fondant alcalin, et enfin les *culots* obtenus coupelés par les soins de M. Riche, essayeur, à la monnaie de Paris (1).

Ces opérations ont donné les résultats suivants :

TABLEAU B.

DÉSIGNATION et NUMÉROS.			POIDS obtenus au tamisage.		TENEUR DES CULOTS en grammes.	
			POUDRE (p)	GROS ($\tilde{\omega}$)	OR (m)	ARGENT (n)
3e catégorie.	A	1	17 k. 500	1 k. 150	»	»
	B	2	5 900	1 050	»	»
	C	3	10 000	0 750	0 gr. 273	0 gr. 032
	D	4	5 900	1 100	0 030	0 022
	E	5	13 500	0 750	0 055	0 026
2e catégorie.	A	6	26 750	0 600	1 014	0 389
	B	7	14 000	0 700	0 077	0 064
	C	8	64 000	0 950	2 092	0 868
	D	9	16 500	0 750	0 389	0 133
	E	10	93 000	0 550	0 876	0 390
1re catégorie.	A	11	10 400	0 174	1 057	0 297
	B	12	6 500	0 350	0 971	0 335
	C	13	11 300	0 350	13 850	5 020
	D	14	23 300	0 150	4 713	1 762
	E	15	15 500	0 600	4 696	1 719

(1) Ces diverses opérations ont été consignées, dans un procès-verbal spécial (Annexe) de M. Hénon fils aîné, courtier assermenté.

Quant aux poudres, la teneur absolue des premières et se-
condes catégories n'ayant aucune utilité réelle du moins pour
établir les résultats que l'on peut attendre de l'exploitation du
gisement Santa-Ernestina, elles ont été mélangées dans les
proportions indiquées au tableau A, pour reconstituer la com-
position réelle de chacun des filons au moment de l'abattage,
tandis que celle des troisièmes catégories ont été mélangées dans leurs proportions relatives :

$$
\begin{array}{lll}
\text{A} & 14.15 & \text{p. 0/0} \\
\text{B} & 38.60 & - \\
\text{C} & 23.50 & - \\
\text{D} & 17.15 & - \\
\text{E} & 6.60 & - \\
\end{array}
$$

En soumettant enfin aux essais ces mélanges, on a obtenu
les teneurs moyennes suivantes (1).

TABLEAU C.

FILON QUARTZEUX proprement dit. (1re et 2e catégorie réunies.)	OR (M). en grammes par 1000 kilos.	ARGENT (N)
A. Puits croiseur. H. 10 — 11..........	78	845.5
B. — — H. 9 — 10..........	115.5	54
C. — Filon principal..............	190	133.50
D. Galerie, croiseur. H. 2 — 3..........	65	65
E. — Filon principal..............	83.5	59

Epontes (3e Catégorie) 20.   60.

Si nous désignons maintenant par :

1° P. P' *les proportions par 1000 kilos de minerais de 1re
et 2e catégorie constituant le filon proprement dit* (Tableau A);

2° p et ā *les poids de poudre et de gros obtenus au tamisage
pour la 1re catégorie ;*

---

(1) Ces essais ont été confiés à M. Riche, essayeur à la Monnaie de Paris,
et A. Ferent, chimiste-essayeur du commerce.

p' et ω' *les poids correspondants pour la 2ᵉ* (Tableau B);

3° M et m' *les teneurs en or*, et

N et n' *celles· en argent des culots correspondants* (Tableau B):

4° Enfin M et N *celles à la tonne des poudres mélangées* (Tableau C).

La teneur réelle en métal précieux du minerais correspondant à 1000 kilos de poudre sera pour l'or :

$$(a) \qquad M + \frac{P}{p}.\,m + \frac{P'}{p'}.\,m'$$

ou en tenant compte du poids additionnel de gros par *1000 kilos de minerais* :

$$(a_1) \qquad K\left[M + \frac{P}{p}.\,m + \frac{P'}{p'}.\,m'\right]$$

K étant un coefficient de correction égal à

$$\frac{1000}{1000 + \frac{P}{p}.\,\omega + \frac{P'}{p'}.\,\omega'}$$

Pour l'argent on aurait une formule analogue :

$$(b_1) \qquad K\left[N + \frac{P}{p}.\,n + \frac{P'}{p'}.\,n'\right]$$

Nous en déduisons : *pour les teneurs de minerais quartzeux.*

TABLEAU D.

FILON proprement dit.	EN GRAMMES PAR TONNE	
	OR.	ARGENT.
A. Puits croiseur. H. 10 — 11..........	127.93	100.21
B. — H. 9 — 10..........	141.43	62.43
C. — Filon principal...............	371.12	199.50
D. Galerie, croiseur. H. 2 — 3	121.62	86.10
E. — Filon principal..............	150.12	83.42

Pour les 3e catégories, enfin, en généralisant la formule et nous bornant à la moyenne des échantillons C, D, E, les culots A et B n'ayant pu être recueillis en totalité, nous obtenons

Or...... 21 gr. 500
Argent.. 56   800

CHAPITRE II

Productions et Bénéfices annuels.

En ne tenant pas compte de la teneur en argent dont nous ne pouvons *a priori* préjuger l'état de combinaisons où il est engagé dans le minerais et dont la majeure partie échappera probablement à l'action du mercure lors de l'amalgamation, nous voyons immédiatement à l'inspection du Tableau D, que la *teneur au niveau supérieur* (4ᵐ 00) *oscille autour de 140 grammes* (1) *d'or fin par tonne de quartz, que nous examinions le filon principal ou l'un de ses croiseurs*; mais, comme toujours le *minerai s'enrichit progressivement en profondeur* et dans le puits San Pablo Chico, à *dix mètres de la surface* seulement, la *teneur du filon principal*, le seul qui ait été recoupé, *dépasse déjà 375 grammes.*

Ces chiffres suffisent pour faire entrevoir la richesse du gisement, mais nous avons encore ici à faire intervenir un élément nouveau qui, loin d'être une charge et de grever les frais d'abattage comme dans la plupart des exploitations minières, est ici une source importante de profits ; ce sont les

---

(1) La moyenne serait de 137 grammes environ, mais il faut remarquer que la teneur du filon principal, le plus puissant du bassin, atteint 150 grammes.

débris des épontes, classés dans la 3ᵉ catégorie, abattus con-
jointement au filon proprement dit lors de l'ouverture des
galeries. Ces roches, profondément modifiées au contact du
filon, tantôt transformées en quartzite par de volumineux
cristaux de quartz, tantôt imprégnées de fer oligiste, renferment en effet, en moyenne, 21 gr. 1/2 d'or fin à la tonne ;
mais admettons, pour tenir compte des pertes, qu'ils ne four-
nissent que 20 gr., *leur valeur couvrira encore les frais d'a-
battage et d'amalgamation de la totalité du minerai extrait.*

Supposons, en effet, qu'on obtienne en moyenne dans le
tout venant 1 1/2 partie de 3ᵉ catégorie, ou déblais utilisables
par partie de minerais quartzeux, soit 60 p. 0/0, les frais
d'abattage et de traitement de 1000 kilos de ce minerai tout
venant en nous reportant aux comptes de fabrication serait
de 39 fr. 92, savoir :

$$\text{Minerai quartzeux } 0,40 \times 53,20 = 21,32$$
$$\text{Epontes} \qquad\qquad 0,60 \times 31,00 = 18,60$$

Tandis que l'on extrairait des 3ᵉ catégories seulement
$0,60 \times 20 = 12$ gr. d'or fin valant, au cours de 3 fr. 40,
40 fr. 80.

Il en résulte donc en résumé que la *totalité de l'or extrait
du quartz aurifère représente en réalité le bénéfice brut de l'exploitation.*

La *production journalière* prévue de 150 tonnes correspondant à $0,40 \times 158 = 60$ tonnes de minerai quartzeux, com-
posées de 1/4 soit 15 T. provenant du niveau inférieur,
titrant 371 gr. 12; 3/4 soit 45 T. de minerai à 140 gr.

Celle de *l'or serait de 11 k. 866.*

Il est difficile d'établir *a priori* la perte au traitement, mais
en ayant soin d'appauvrir par une amalgamation directe sous
les meules comme je l'ai proposé, les minerais riches séparés
par un triage à la main, le rendement dépassera certainement *onze kilogrammes et demi.*

Soit pour 300 journées de travail 3450 kilogrammes d'or fin d'une valeur de près de douze millions de francs.

Quels que soient donc les frais imprévus que l'exploitation pourrait avoir à supporter, l'extraction n'atteindrait-elle pas dès le premier exercice une production quotidienne de 150 T. de minerai tout venant, la richesse des filons subirait-elle même des variations momentanées que la constance de leur teneur au niveau supérieur rend peu probable, le bénéfice brut atteindrait donc encore sans aucun doute, dans ces circonstances défavorables, un chiffre que quelques mines exceptionnelles comme celles de la Nevada ont seules rapporté.

Aussi, devant la brutalité des chiffres, je ne puis mieux me résumer qu'en rappelant les conclusions de mon premier rapport :

« Aucun gisement connu de métaux précieux n'est d'une richesse comparable à celle des quartz du Cuñapirù, surtout si l'on réfléchit aux facilités d'extraction et de traitement dont on y dispose. »

Paris, le 24 septembre 1878.

V. L'OLIVIER,
Ancien Ingénieur de l'Etat.

ANNEXE.

Procès-verbal de constatation (n° 1211).

Je soussigné Henron fils aîné, courtier en marchandises assermenté au tribunal de commerce de la Seine, certifie qu'il a été ouvert en ma présence le 15 septembre dernier chez

M. Rigaut, pulvérisateur, demeurant à Paris, rue Amelot,
passage Saint-Pierre, une barrique marque $\frac{VL}{B}$ et scellée des
cachets LB et VL contenant dix-neuf sacs et un bloc d'échantillons de minerai quartzeux de la provenance des mines de
Santa Ernestina (République de l'Uruguay), le tout prélevé
sur les lieux et suivant sa déclaration par M. V. l'Olivier, ingénieur des mines, ancien ingénieur de l'Etat, en présence
de MM. Biraben frères, concessionnaires de ladite mine ; le
détail de ces échantillons ayant été consigné en un procès-
verbal rédigé et signé également sur les lieux par MM. L.
Biraben et V. L'Olivier le 29 mai 1878 ; que sur lesdits
échantillons il en a été conservé en onze sacs, scellés et ca-
chetés comme suit : LB, VL, H F A, plus le poinçon d'essayeur
de M. Rigaut pour servir ultérieurement en tant que de besoin
une portion, plus un bloc à découvert ; que le surplus représentant par conséquent les désignations suivantes classées en
trois catégories :

    Puits croiseur   H 10-11
        dᵒ   dᵒ   H 9-10
        dᵒ   filon principal, étage inférieur.
    Galerie croiseur   H 2-2
        dᵒ   filon principal

Plus un sac de débris provenant de l'échantillonnage des
minerais du croiseur H 9-10 du puits a été pulvérisé par les
soins de M. Rigaut sous les yeux de MM. L. Biraben et
V. L'Olivier ; que le produit de ladite pulvérisation a été ensuite mis en sacs, classés et numérotés de 1 à 15 et numéro 18
qui représente le sac de débris, les résidus du tamisage ayant
été fondus en culots sous numéros correspondants, les numéros
1 et 2 perdus toutefois lors de la fonte n'ayant pu être re-
présentés ; que sur lesdits sacs ainsi numérotés de 1 à 15 il a

été prélevé en ma présence par les soins et d'après les calculs de M. L'Olivier, six échantillons destinés à reconstituer autant que possible les filons proprement dits ci-dessus désignés (1re et 2e catégories) et la moyenne de leurs épontes (3e catégorie) en prenant pour base de l'opération les proportions consignées au procès-verbal déjà cité du 29 mai 1878, plus un septième échantillon représentant le sac de débris n° 18. De chacun de ces sept échantillons, trois flacons ayant par mes soins été fermés, et scellés des cachets suivants : LB, VL, H F A. Qu'également par mes soins, il a été remis à M. Riche, essayeur à la Monnaie, à Paris, et à M. A. Ferent, essayeur du commerce, demeurant aussi à Paris, passage Sainte-Croix-de-la-Bretonnerie, n° 13, à chacun un flacon ainsi scellé de chacun des dix-sept échantillons et pour ces Messieurs en faire l'essai pour l'or et l'argent; le troisième flacon de chacun des sept échantillons étant resté en dépôt, pour le cas de besoin, chez le courtier assermenté soussigné; quant aux quatorze culots mentionnés plus haut qui ne pouvaient être divisés, après avoir été numérotés et mis également en un flacon fermé et scellé comme les autres, en y ajoutant un quinzième culot marqué A, se rapportant aux « Desmontes, » ce dit flacon a été remis au laboratoire de M. Riche pour y être essayé chacun d'eux séparément, par M. Riche. Au présent procès-verbal sont annexés les Bulletins d'essai de M. Riche, pour les quinze culots et les sept échantillons de poudre, et celui de M. A. Ferent pour les mêmes sept échantillons de poudre.

Fait à Paris en double expédition, le dix octobre mil huit cent soixante-dix-huit.

Signé : HENON fils aîné.

ANNEXES du N° 1211 :

N° 1. — Je soussigné, Henon fils aîné, courtier de marchandises assermenté au tribunal de Commerce de la Seine, certifie véritable la copie ci-dessous du bulletin d'essai suivant de M. Riche, essayeur des monnaies, à Paris.

1. Galerie filon principal :
> Or, 80 grammes par 1,000 kilog.
>
> Argent, 60 — — —

2. Puits filon principal, étage inférieur :
> Or, 175 grammes par 1,000 kilog.
>
> Argent, 155 — — —

3. Puits h. 9-10 :
> Or, 112 grammes par 1,000 kilog.
>
> Argent, 38 — — —

4. Puits h. 10-11 :
> Or, 75 grammes par 1,000 kilog.
>
> Argent, 125 — — —

5. Galerie h. 2-3 :
> Or, 62 grammes par 1,000 kilog.
>
> Argent, 63 — — —

6. Troisième catégorie :
> Or, 20 grammes par 1,000 kilog.
>
> Argent, 60 — — —

7. Débris n° 18 :
> Or, 10 grammes par 1,000 kilog.
>
> Argent, 35 — — —

Paris, le 2 octobre 1878.

Signé : A. RICHE.

Fait à Paris, le dix octobre mil huit cent-soixante-dix-huit.

Signé : HENON fils aîné.

N.° 2. — Je soussigné, Henon fils aîné, courtier de marchandises assermenté au tribunal de Commerce de la Seine, certifie véritable la copie ci-dessous du bulletin d'essai suivant de M. Riche, essayeur des monnaies, à Paris.

Essai de quinze culots remis par M. Henon fils aîné.

Lettre ou N° du culot.	Or contenu.	Argent contenu.
A	0 196	0 079
3	0 073	0 032
4	0 030	0 022
5	0 055	0 026
6	1 014	0 389
7	0 177	0 064
8	2 092	0 868
9	0 389	0 133
11	1 057	0 299
12	0 971	0 335
13	13 850	5 020
14	4 713	1 762
15	4 696	1 719
16	0 876	0 390
18	0 077	0 041

Paris, 23 septembre 1878.

Signé : A. RICHE.

Fait à Paris, le dix octobre mil huit cent soixante-dix-huit.

Signé : HENON fils aîné.

Nota. — Le culot n° 15 n'existant pas, ce chiffre a été par erreur substitué au n° 10.

Paris, 10 octobre 1878.

Signé · HENON fils aîné.

N° 3. — Je soussigné, Henon fils aîné, courtier de marchandises assermenté au tribunal de Commerce de la Seine, certifie véritable la copie du bulletin d'essai suivant, de M. A. Ferent, essayeur du commerce, 13, passage Sainte-Croix-de-la-Bretonnerie, à Paris.

Sept échantillons, minerai aurifère, remis par M. HENON fils aîné.

Teneur en grammes par 1,000 kilog.	Or.	Argent.
Puits filon principal, étage inférieur . . .	205	112
Galerie filon principal.	87	58
Puits croiseur h. 10-11.	81	44
Puits — 9-10.	119	70
Galerie h. 2-3.	68	67
Troisième.	20	60
N° 18, Debris.	8	20

Paris, le 8 octobre 1878.

Signé : A. FERENT.

Fait à Paris, le dix octobre mil huit cent soixante-dix-huit.

Signé : HENON fils aîné.

Coupe Géologique entre Durazno et Tacuarembo

Échelles { Distances 1:342800
Hauteurs 1:34250

Grès quartzeux et Basalte

Marnes siliceuses, sable granitique

Marnes lacustres à Cypris

Coupes des Filons

Type (A)

Type (B)

Panorama indiquant le contact des Terrains lacustres et du Bassin Aurifère

A   Las tres Cruces
B   Cuchilla entre le Culequiró et le Tacuarembo Grande
C   Valle du Rio Tacuarembo grande
D   Cuchilla entre le Tacuarembo et le tres Cruces
E   Valle du Rio Ouapirú
F   Arroyo san Pablo

(a) Grès quartzeux métamorphique
(b) Marnes lacustres
(c) Porphyre scorifique et Spumeux
(c) Porphyre caotique avec quartz aurifère

A bord du St. "Cordillera"
le 8 Aout 1878

L'Olivier
A. Ing. de l'État

SANTA - ERNESTINA

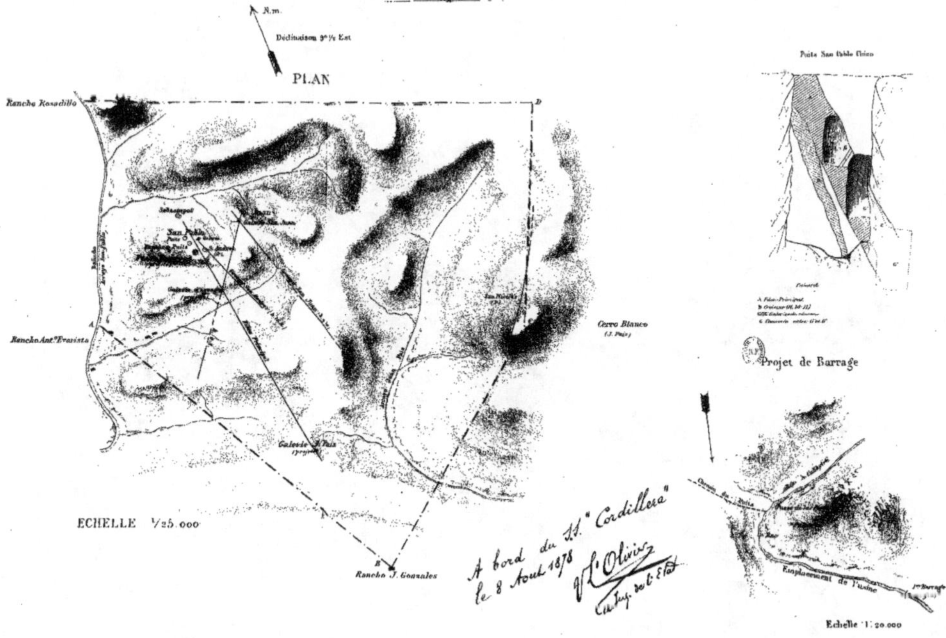

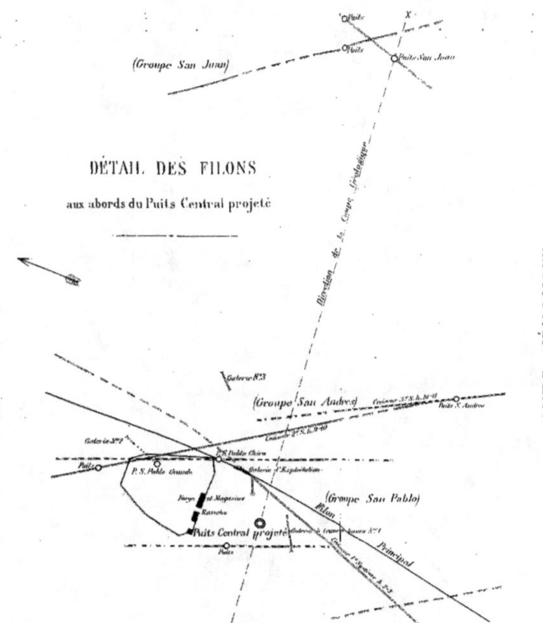

(Groupe San Juan)
DÉTAIL DES FILONS
aux abords du Puits Central projeté
Direction de la Coupe Géologique
Puits
Puits San Juan
(Groupe San Andrés)
Galerie N°3
Galerie N°2
Puits
P. S. Pablo Chico
P. S. Pablo Grande
Galerie d'Exploitation
Forge et Magasins
Rancho
Puits Central projeté
Puits
(Groupe San Pablo)
Filon Principal
Puits S. Andres
Rancho del Herrero
X
X

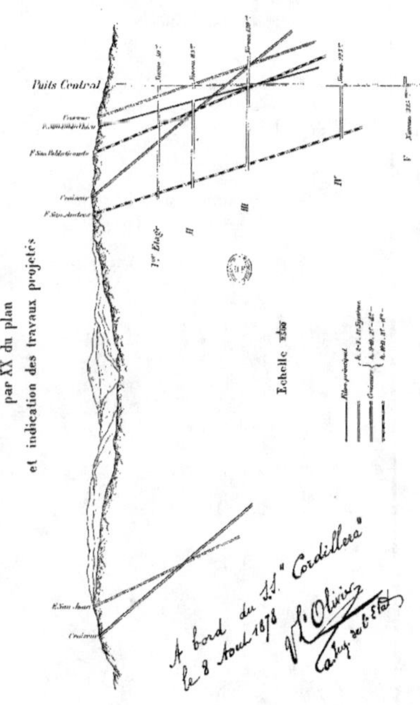

COUPE GÉOLOGIQUE,
par XX du plan
et indication des travaux projetés
Puits Central
F. San Pablo Grande
Croisure F. San Andres
F. San Andres
1er Etage
Echelle
E. San Juan
Croisure
A bord du S.S. "Cordillera"
le 8 Août 1878
Olivier